Autos Malbüch

Malbücher für Kinder

© 2015 von Julie Little

Alle Rechte vorbehalten. Kein Teil dieser Publikation darf ohne vorherige Zustimmung des Urheberrechtsinhabers und Herausgebers dieses Buches, auf elektronische oder andere Art, vervielfältigt, oder in irgendeiner Form reproduziert werden.

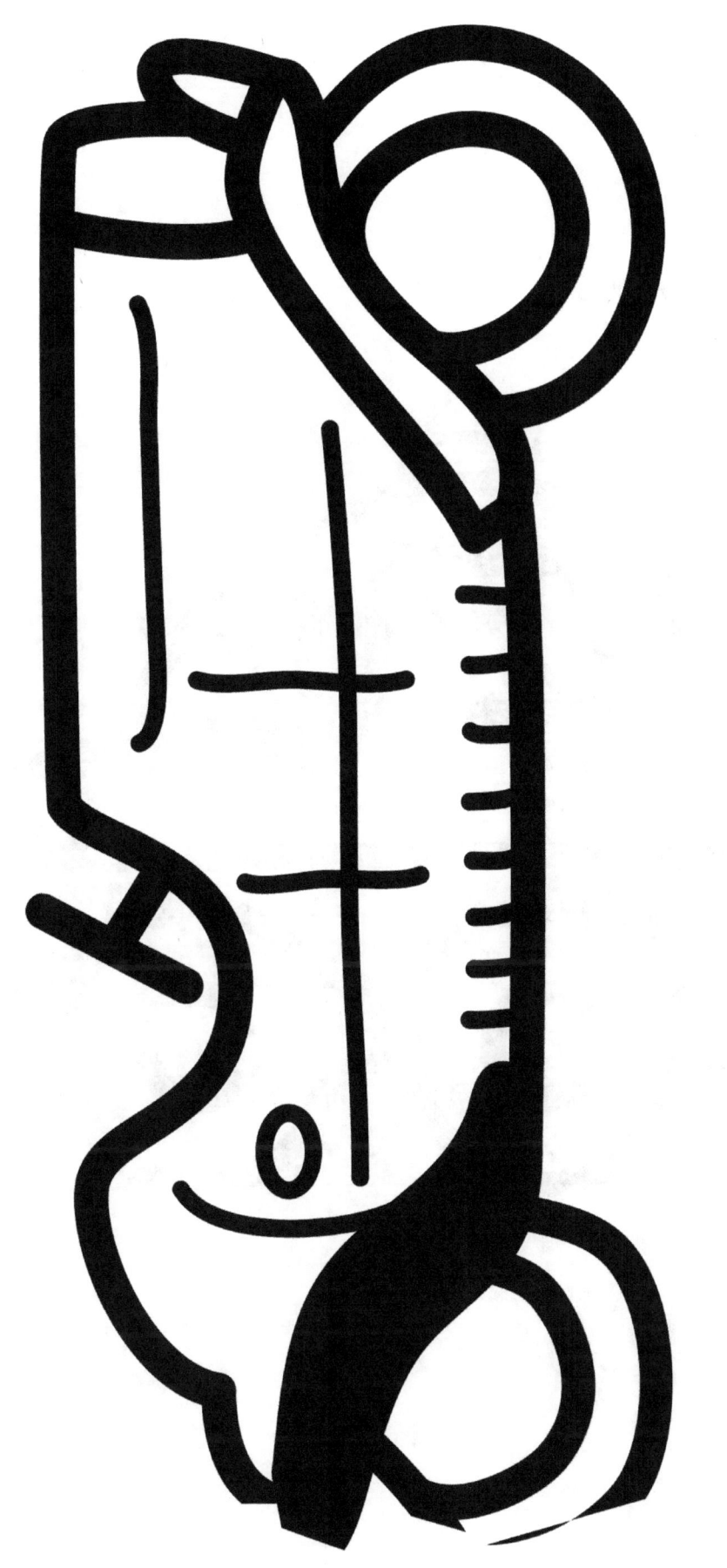

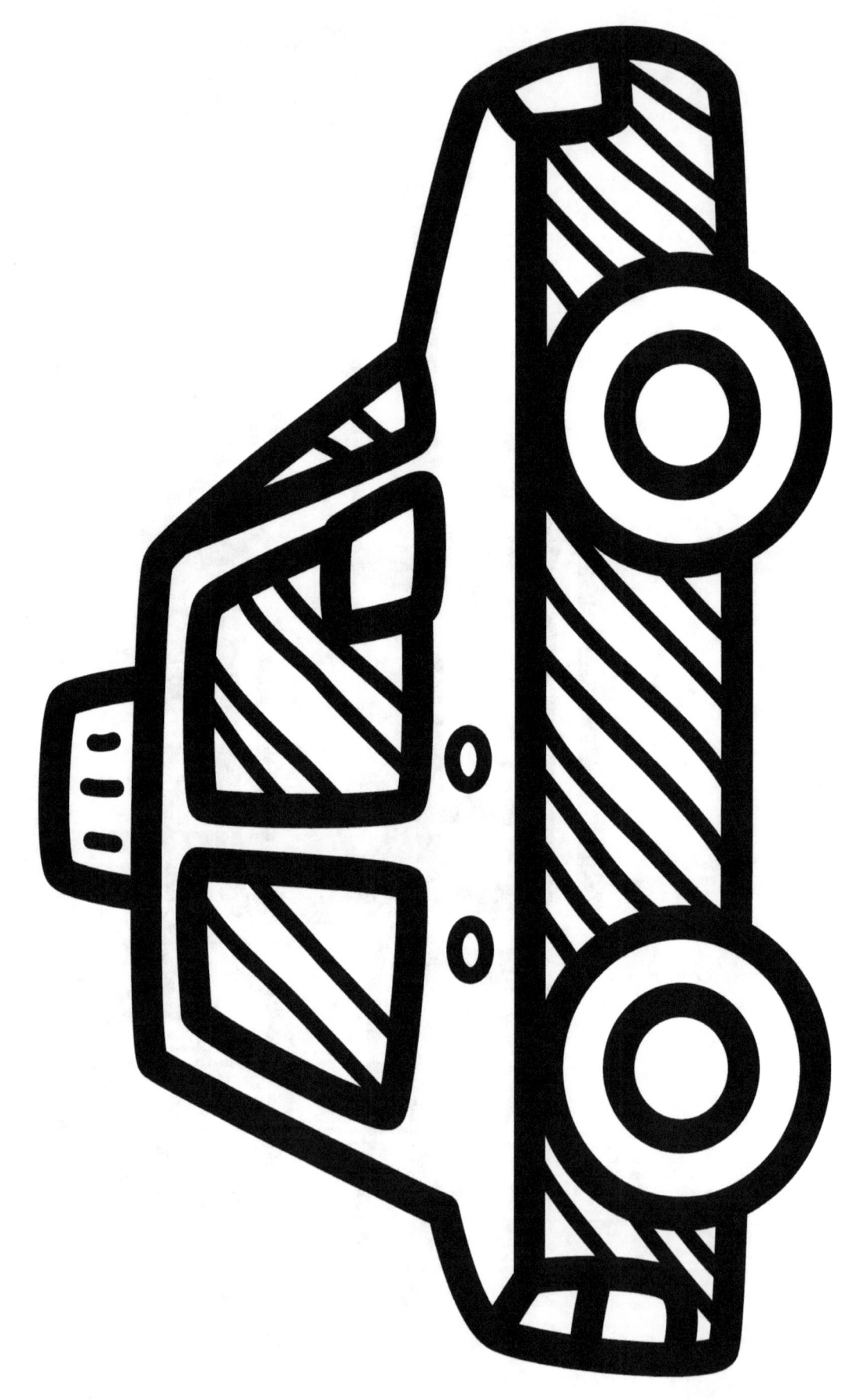

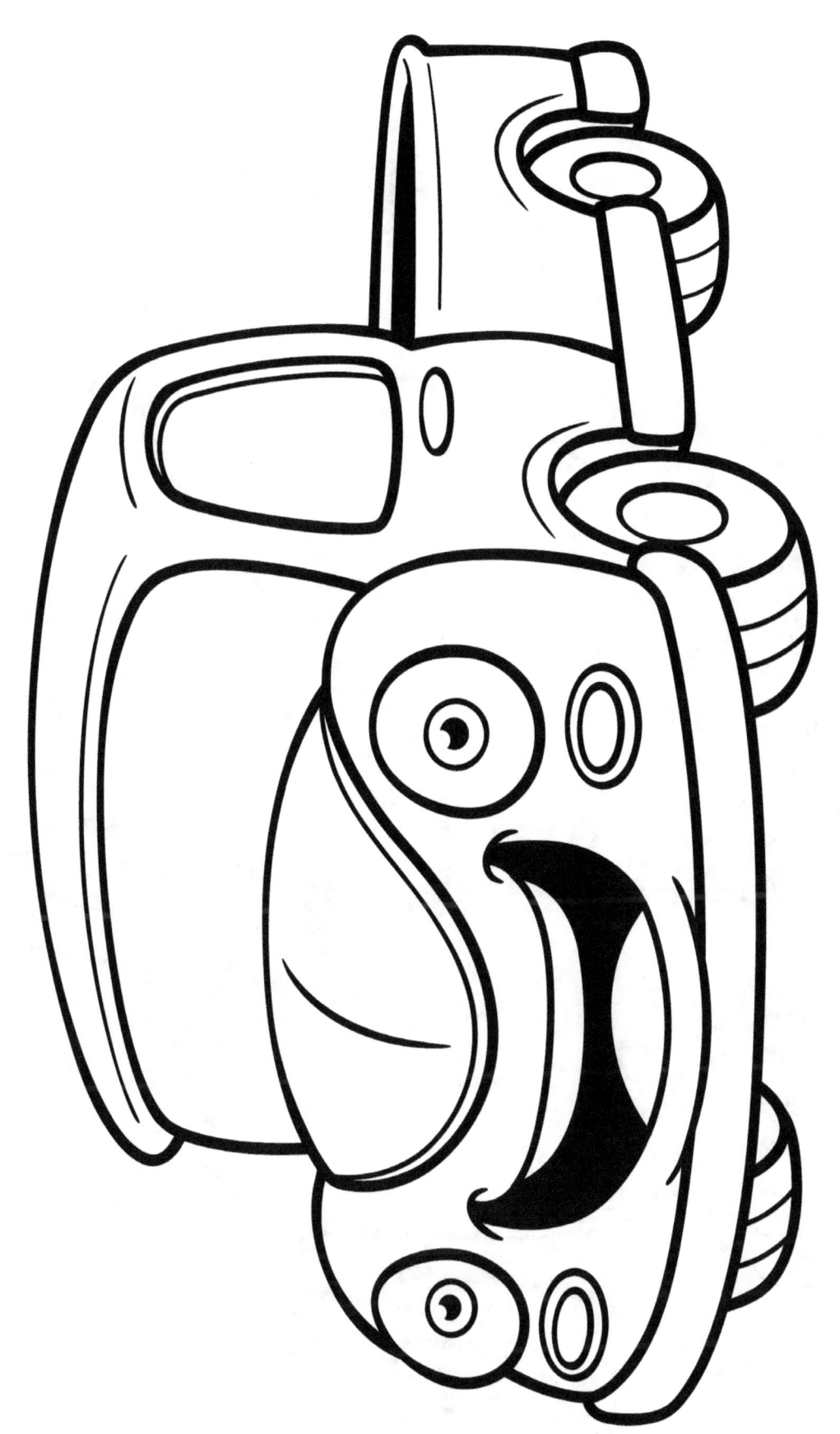

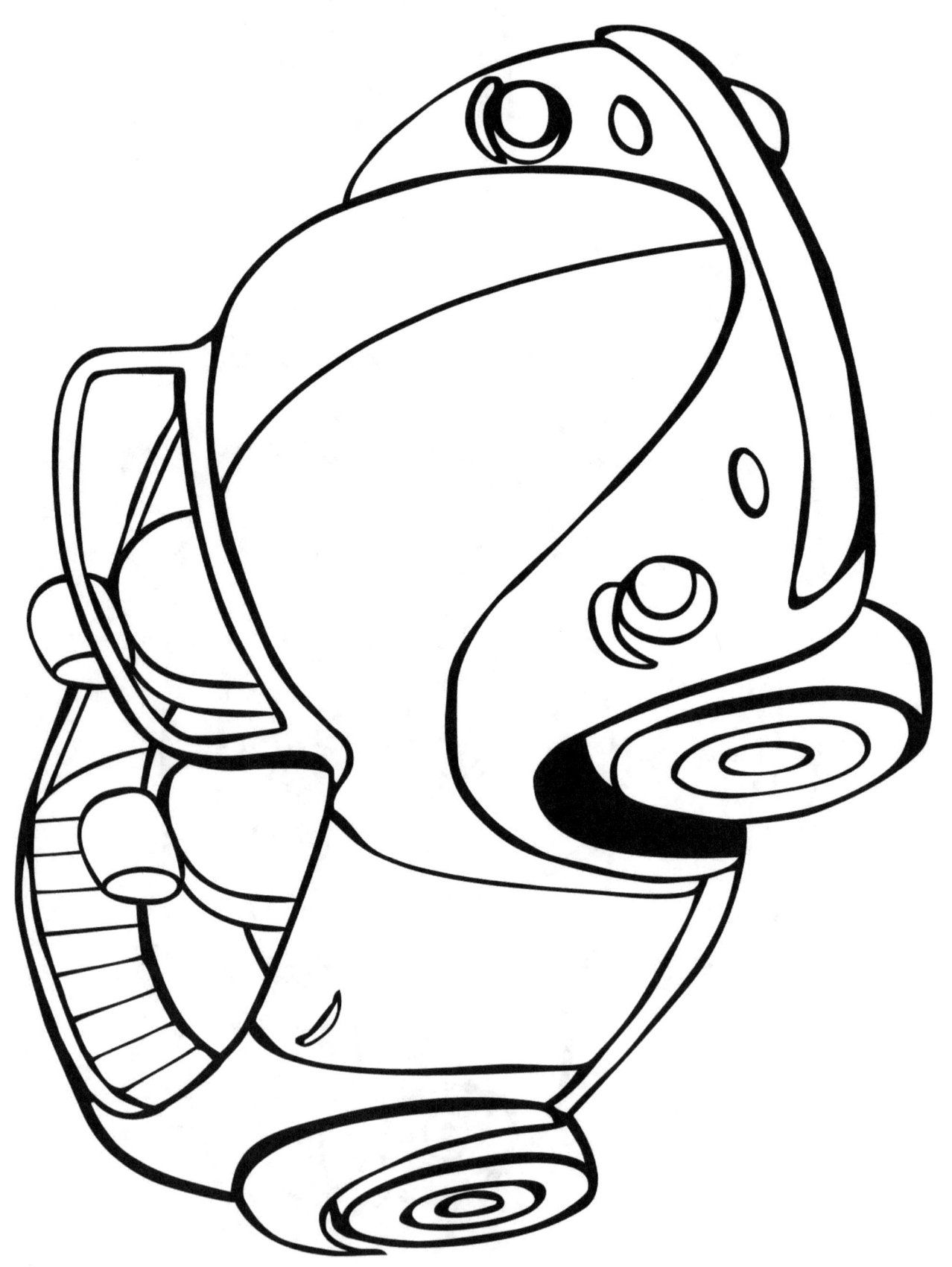

www.ingramcontent.com/pod-product-compliance
Lightning Source LLC
LaVergne TN
LVHW081547060526
838200LV00048B/2250